Matthias Fiedler

Idea para un *matching* inmobiliario innovador: simplificando la gestión inmobiliaria

Matching inmobiliario: gestión inmobiliaria eficiente, fácil y profesional a través de un portal innovador

Aviso legal

1ª edición impresa | Febrero de 2017
(Publicado originalmente en alemán, diciembre de 2016)

© 2016 Matthias Fiedler

Matthias Fiedler
Erika-von-Brockdorff-Straße 19
41352 Korschenbroich
Alemania
www.matthiasfiedler.net

Producción e impresión:
Véase la última página

Encuadernación: Matthias Fiedler
Edición del E-Book: Matthias Fiedler

ISBN-13 (Rústica): 978-3-9818618-5-3
ISBN-13 (E-Book mobi): 978-3-9818618-6-0
ISBN-13 (E-Book epub): 978-3-9818618-7-7

Información bibliográfica de la Biblioteca Nacional Alemana: La Biblioteca Nacional Alemana registra esta publicación en la Bibliografía Nacional Alemana; los datos bibliográficos detallados se pueden consultar en el sitio web (en alemán) http://dnb.d-nb.de

SUMARIO

En este libro se explica un concepto revolucionario para un portal internacional (aplicación móvil) de *matching* inmobiliario que calcula el notable potencial de ventas (millardos de euros). Este portal está integrado a un software de agentes inmobiliarios y de tasación inmobiliaria (con un potencial de ventas de billones de euros).

Gracias a este portal se pueden negociar propiedades residenciales y comerciales, propias o alquiladas, de una manera eficiente y rápida. Es el futuro de la gestión inmobiliaria profesional e innovadora para agentes inmobiliarios y clientes. El *matching* inmobiliario funciona en casi todos los países e incluso de forma transnacional.

En lugar de "llevar" los inmuebles al comprador o inquilino, los clientes se clasifican en el portal de *matching* inmobiliario (a partir de su perfil de búsqueda) y se cotejan y vinculan con los inmuebles que estén negociando los agentes inmobiliarios.

ÍNDICE

Prólogo   Página 07

1. Idea para un *matching* inmobiliario innovador:
simplificando la gestión inmobiliaria   Página 08

2. Objetivos de los compradores y vendedores
de propiedades inmobiliarias   Página 09

3. Procedimiento anterior para la búsqueda
de propiedades inmobiliarias   Página 10

4. Desventajas de los vendedores particulares/
ventajas de los agentes inmobiliarios   Página 12

5. *Matching* inmobiliario   Página 14

6. Campos de aplicación   Página 21

7. Ventajas   Página 22

8. Ejemplo de cálculo (posible ganancia)   Página 24

9. Conclusión   Página 33

10. Integración del *matching* inmobiliario con
el software de agentes inmobiliarios y
tasación inmobiliaria   Página 36

PRÓLOGO

En 2011, concebí y desarrollé la idea innovadora del *matching* inmobiliario.

Llevo trabajando en la industria inmobiliaria desde 1998 (entre otras, en las áreas de gestión inmobiliaria, ventas, tasación, alquiler y desarrollo de propiedades). Entre otros títulos, soy técnico inmobiliario (certificado por la Cámara de Industria y Comercio de Alemania, IHK), economista diplomado en bienes inmuebles (ADI) y experto en tasación inmobiliaria (certificado por el DEKRA). También soy miembro de la internacionalmente reconocida asociación inmobiliaria Royal Institution of Chartered Surveyors (MRICS).

Matthias Fiedler

Korschenbroich, 31 de octubre de 2016.

www.matthiasfiedler.net

1. Idea para un *matching* inmobiliario innovador: simplificando la gestión inmobiliaria

Matching inmobiliario: gestión inmobiliaria eficiente, fácil y profesional a través de un portal innovador

En lugar de "llevar" los inmuebles al comprador o inquilino, los clientes se clasifican en el portal de *matching* inmobiliario (a partir de su perfil de búsqueda) y se cotejan y vinculan con los inmuebles que estén negociando los agentes inmobiliarios.

2. Objetivos de los compradores y vendedores de propiedades inmobiliarias

Desde el punto de vista del vendedor o arrendador de un inmueble, es importante vender o alquilar rápidamente su inmueble al precio más alto posible.

Desde el punto de vista de un posible comprador o arrendatario, es importante encontrar el inmueble que desee y poderlo comprar o alquilar de un forma rápida y sin inconvenientes.

3. Procedimiento anterior para la búsqueda de propiedades inmobiliarias

Normalmente, los clientes potenciales entran en los portales inmobiliarios de Internet para buscar inmuebles en su zona preferente. Una vez creado su perfil de búsqueda, pueden solicitar que se les envíe por correo electrónico una lista de inmuebles. Esto suele ocurrir en 2 o 3 portales inmobiliarios. A continuación, se establece contacto con el vendedor por correo electrónico. En esta etapa se le permite al vendedor la posibilidad de ponerse en contacto con el cliente.

Además, los clientes se ponen en contacto con los eventuales agentes inmobiliarios de su zona preferente y consolidan el perfil de búsqueda correspondiente.

En los portales inmobiliarios, hay vendedores particulares y comerciales. Los vendedores comerciales suelen ser sobre todo agentes inmobiliarios y, en parte, empresas de construcción, agentes de la propiedad inmobiliaria y otras empresas inmobiliarias (en esta obra, los vendedores comerciales se denominan agentes inmobiliarios).

4. Desventajas de los vendedores particulares/ventajas de los agentes inmobiliarios

En la compra de un inmueble, el vendedor particular no siempre puede garantizar una venta inmediata. Por ejemplo, puede ser que en un inmueble heredado no haya acuerdo entre los herederos o falte la declaración de herederos. Asimismo, puede ser que asuntos legales no resueltos, como por ejemplo un derecho de habitación, dificulten la venta.

En inmuebles de alquiler, puede ocurrir que un arrendatario particular no haya conseguido los permisos de las autoridades, si un inmueble (o superficie) comercial va a alquilarse como vivienda.

Cuando un agente inmobiliario actúa como vendedor, los aspectos mencionados anteriormente suelen estar en regla. Igualmente, están listos toda la documentación importante del inmueble (plano, plano general, certificado energético, extracto del registro de la propiedad, etc.) De esta forma, la venta o alquiler puede realizarse sin dificultades ni complicaciones.

5. *Matching* inmobiliario

Por lo general, es importante ofrecer un procedimiento profesional y sistemático, para alcanzar un *matching* rápido y eficiente entre clientes y vendedores o arrendatarios.

Esto se logra mediante una inversión del procedimiento o proceso establecido para buscar y encontrar entre clientes y agentes inmobiliarios.

Es decir, en lugar de "llevar" los inmuebles al comprador o inquilino, los clientes se clasifican en el portal de *matching* inmobiliario (a partir de su perfil de búsqueda) y se cotejan y vinculan con los inmuebles que estén negociando los agentes inmobiliarios.

En primer lugar, los clientes crean un perfil de búsqueda concreto en el portal de *matching* inmobiliario. Este perfil de búsqueda contiene cerca de 20 características. Las siguientes características, entre otras, son esenciales para el perfil de búsqueda (no es una lista exhaustiva).

- Región/código postal/localidad
- Tipo de inmueble
- Tamaño del terreno
- Superficie habitable
- Precio de compra/alquiler
- Año de construcción
- Planta
- Número de habitaciones
- Alquilado (sí/no)
- Sótano (sí/no)
- Balcón/terraza (sí/no)
- Tipo de calefacción
- Plaza de garaje (sí/no)

En este sentido es importante señalar que las características no se escriben libremente, sino que se seleccionan de una lista con posibilidades/opciones predefinidas (por ejemplo, en el tipo de inmueble: vivienda, casa unifamiliar, almacén, oficina, etc.) que se despliega al hacer clic o abrir el campo de la característica correspondiente (por ejemplo, tipo de inmueble).

Opcionalmente, los clientes pueden crear un perfil de búsqueda adicional. Asimismo, el perfil de búsqueda se puede modificar.

Además, los clientes escriben sus datos de contacto completos en los campos correspondientes; apellidos, nombre, calle, número de casa, código postal, localidad, teléfono y correo electrónico.

En este contexto, el cliente da su consentimiento para que se pongan en contacto con él y le remitan a las inmobiliarias compatibles de parte del agente inmobiliario.

Además, el cliente acepta un acuerdo con el operador del portal de *matching* inmobiliario.

En el siguiente paso los perfiles de búsqueda se ponen a disposición de los agentes inmobiliarios, que todavía no están visibles, con una interfaz de programación (API – Application Programming Interface), parecida a la interfaz de programación "OpenImmo" en Alemania. Conviene señalar que esta interfaz de programación (prácticamente la clave del proceso) debe ser compatible casi cualquier software inmobiliario o por lo menos garantizar la transmisión. En caso contrario, este problema técnico debe solucionarse. Dado que ya existen interfaces de programación, como la ya mencionada "OpenImmo" y otras utilizadas en la práctica habitual, los perfiles de búsqueda se deben poder transmitir.

A continuación, los agentes inmobiliarios comparan los inmuebles que están gestionando con los perfiles de búsqueda. Después, se cruzan con los inmuebles del portal de *matching* inmobiliario y se cotejan y vinculan según las características correspondientes.

Cuando hay una comparación positiva, se muestra la coincidencia con su porcentaje correspondiente. Los perfiles de búsqueda se muestran en el software del agente inmobiliario a partir de una coindencia del 50 %, por ejemplo.

A este respecto, las características individuales se ponderan (con un sistema de puntos) para generar el porcentaje de la coincidencia (probabilidad de coincidencia) a partir de su comparación. Por ejemplo, la característica "tipo de inmueble" tiene más peso que la característica "superficie habitable". Además, se pueden elegir determinadas características que deba tener el inmueble (por ejemplo, el sótano).

Conviene señalar que durante el *matching* de las características, los agentes inmobiliarios solo pueden acceder a las regiones que hayan seleccionado (reservado). Esto reduce el esfuerzo para la comparación de datos. Los agentes inmobiliarios, especialmente, suelen trabajar de manera regional. Es digno de mención que hoy en día se pueden almacenar y procesar grandes cantidades de datos gracias a los servicios en la "nube".

Para garantizar una gestión inmobiliaria profesional, solo los agentes inmobiliarios tienen acceso a los perfiles de búsqueda.

Para ello, los agentes inmobiliarios suscriben un acuerdo con el administrador del portal de *matching* inmobiliario.

Después de la comparación/*matching* correspondiente, los agentes inmobiliarios se pueden poner en contacto con los clientes y viceversa. Esto también significa que si el agente inmobiliario remite al cliente potencial la ficha de un inmueble, queda documentado un certificado de actividad o el derecho del agente inmobiliario a una comisión de agente en caso de que se formalice la venta o alquiler.

Lo anterior requiere que el propietario (ya sea el vendedor o el arrendatario) le haya encargado la gestión del inmueble al agente inmobiliario o disponga de su consentimiento para ofrecerlo.

6. Campos de aplicación

El *matching* descrito anteriormente se puede aplicar a la venta y alquiler de inmuebles en el sector inmobiliario de viviendas y locales comerciales. Para los inmuebles comerciales se necesitan otras características adicionales.

En la práctica, es común que entre los compradores potenciales puede haber agentes inmobiliarios por encargo de sus clientes.

Desde el punto de vista geográfico, el portal de *matching* inmobiliario puede implantarse en casi todos los países del mundo.

7. Ventajas

Este *matching* inmobiliario ofrece grandes ventajas para los clientes cuando, por ejemplo, buscan inmuebles en su región (lugar de residencia) u otra región, ciudad o estado debido a un cambio de trabajo.

Los clientes crean su perfil de búsqueda una sola vez y los agentes inmobiliarios que operan en su región preferente les envían las propiedades inmobiliarias correspondientes.

Esto redunda en grandes ventajas para los agentes inmobiliarios en términos de eficiencia y ahorro de tiempo para la venta o alquiler

Los agentes inmobiliarios reciben directamente un resumen de cuán alto es el potencial de ciertos clientes para los inmuebles que ofrecen.

Además, los agentes inmobiliarios pueden ponerse directamente en contacto con un grupo relevante de clientes que hayan expresado ideas concretas sobre el inmueble que desean al crear su perfil de búsqueda (por ejemplo, enviándoles la ficha de un inmueble).

De esta forma, aumenta la calidad de la primera toma de contacto con los clientes, que saben lo que buscan. Y con ello se reduce la cantidad de visitas al inmueble. Por lo tanto, disminuye el tiempo de comercialización de los inmuebles que se están gestionando.

Una vez que el cliente visita el inmueble que se está negociando, se procede, como es habitual, a la formalización de contrato de venta o alquiler.

8. Ejemplo de cálculo (beneficio potencial). Solo viviendas y casas en propiedad (sin incluir viviendas y casas alquiladas ni locales comerciales)

En el siguiente ejemplo se ve claramente el potencial que tiene el portal de *matching* inmobiliario.

En una área útil de 250.000 habitantes, como la ciudad alemana de Mönchengladbach, hay en promedio 125.000 hogares (con 2 habitantes por hogar). La tasa de mudanzas promedio es de un 10 %, lo que significa que se mudan unas 12.500 familias cada año. Aquí no se calculó el balance de mudanzas hacia y desde Mönchengladbach. De la cifra de mudanzas podemos calcular que cerca de 10.000 familias (80 %) buscan alquilar un inmueble y alrededor de 2.500 (20 %) familias buscan comprar un inmueble.

Según el informe sobre el mercado inmobiliario de la Comisión Técnica de Calificación de la ciudad de Mönchengladbach, en 2012 hubo 2.613 casos de compras de inmuebles. Esto confirma la cantidad calculada anteriormente de 2.500 clientes interesados en comprar. De hecho, podrían ser más, ya que, por ejemplo, no todos los compradores encuentran el inmueble que buscan. Se calcula que la cantidad de perfiles de búsqueda en realidad duplica la de compradores reales. Es decir, de la tasa de mudanzas mencionada anteriormente del 10 %, pueden resultar unos 25.000 perfiles de búsqueda. Aquí se incluyen, entre otras cosas, clientes que crean varios perfiles de búsqueda en el portal de *matching* inmobiliario.

Es digno de mencionar que la experiencia nos dice que alrededor de la mitad de todos los clientes (compradores e inquilinos) han encontrado su inmueble a través de un agente inmobiliario, lo que representa unos 6.250 hogares.

Sin embargo, la experiencia demuestra que al menos el 70 % de todas las familias, lo que equivale a un total de 8.750, ha buscado inmuebles en portales inmobiliarios (lo que equivale a 17.500 perfiles de búsqueda).

Suponiendo que el 30 % de todos estos clientes, es decir, unas 3.750 familias (lo que equivale a 7.500 perfiles de búsqueda) creen su perfil de búsqueda en el portal (aplicación) de *matching* inmobiliario en una ciudad como Mönchengladbach, los agentes inmobiliarios conectados podrían ofrecer inmuebles adecuados a 1.500 perfiles concretos de búsqueda (20 %) de compradores y 6.000 perfiles concretos de búsqueda (80 %) de inquilinos, al año.

Esto quiere decir que en una duración de búsqueda media de unos 10 meses y un precio, por ejemplo, de 50 € mensuales por cada perfil de búsqueda creado en el sistema por parte de los clientes, el beneficio anual posible con 7.500 perfiles de búsqueda es de 3.750.000 € en una ciudad con 250.000 habitantes.

Haciendo un cálculo aproximado de la República Federal de Alemania, con unos 80 millones de habitantes, tenemos una beneficio posible de 1.200.000.000 € (1,2 millardos €) al año. Si, por ejemplo, en lugar del 30 %, un 40 % de todos los clientes buscaran sus inmuebles en del portal de *matching* inmobiliario, el beneficio posible aumentaría a 1.600.000.000 € (1,6 millardos €) al año.

Este beneficio posible solo tiene en cuenta las viviendas y casas en propiedad. Los alquileres y las propiedades generadoras de ingresos en el sector residencial y en todo el sector comercial no están incluidos en este cálculo de beneficios posibles.

Teniendo en cuenta el mercado inmboliario alemán (incluidas empresas de construcción participadas, agencias inmobiliarias y otras empresas del sector), formado por 50.000 empresa con unos 200.000 empleados, si un 20 %, por ejemplo, de estas 50.000 empresas usan el portal de *matching* inmobiliario con una media de dos licencias, a un precio medio de 300 € al mes por licencia, el beneficio anual posible asciende a 72.000.000 € al año. Además, debería llevarse a cabo un registro regional de los perfiles de búsqueda de la localidad, de manera que según la organización se pueda generar un beneficio posible considerablemente mayor.

En vista de este gran potencial, no es necesario que los agentes inmobiliarios actualicen permanentemente sus bases de datos (si existen) de clientes con perfiles de búsqueda concretos, principalmente, porque porque la cantidad de perfiles de búsqueda actuales será superior, con toda probabilidad, a la cantidad de los perfiles de búsqueda en la base de datos del agente inmobiliario.

Si este innovador portal de *matching* inmobiliario se implanta en otros países, los compradores alemanes, por ejemplo, podrían crear un perfil de búsqueda de apartamentos vacacionales en Mallorca y los agentes inmobiliarios conectados en Mallorca podrían presentarles por correo electrónico el apartamento correspondiente a sus clientes alemanes. Si la ficha del inmueble está escrita en español, los clientes pueden utilizar algún programa de traducción automática para traducir el texto rápidamente al alemán.

Para establecer coincidencias entre los perfiles de búsqueda y los inmuebles gestionados en idiomas diferentes, en el portal de matching inmobiliario se puede realizar una comparación de las características correspondientes a partir de características programadas matenáticamente, independientemente del idioma, y, a continuación asignar el idioma correspondiente.

Los siguientes cálculos se basaron en el potencial de ganancia (solo clientes en búsqueda) con el uso del portal de *matching* inmobiliario en todo el mundo.

Población mundial
7.500.000.000 (7,5 millardos) de habitantes

1. Población en los países industrializados y altamente industrializados:
   2.000.000.000 (2,0 millardos) de habitantes

2. Población en países emergentes:

   4.000.000.000   (4,0   millardos)   de habitantes

3. Población en países en desarrollo:

   1.500.000.000   (1,5   millardos)   de habitantes

El beneficio anual posible de la República Federal Alemana de 1,2 millardos de € por 80 millones de habitantes, se aplica con los siguientes coeficientes adoptados para el cálculo aproximado en los países industrializados, emergentes y en vías de desarrollo.

1. Países industrializados: 1,0

2. Países emergentes: 0,4

3. Países en desarrollo: 0,1

Así se calcula este beneficio anual posible: (1,2 Mrd. € x población (países industrializados, emergentes o en desarrollo)/80 Millones de habitantes x coeficiente).

1. Países industrializados:	EUR	30,00 millardos
2. Países emergentes:	EUR	24,00 millardos
3. Países en desarrollo:	EUR	2,25 millardos
Total:	**EUR**	**56,25 millardos**

9. Conclusión

Este portal de *matching* inmobiliario que presentamos ofrece ventajas significativas para personas que buscan inmuebles (clientes) y agentes inmobiliarios.

1. Los clientes reducen significativamente el tiempo de búsqueda de inmuebles apropiados, ya solo crean una vez su perfil de búsqueda.

2. Los agentes inmobiliarios obtienen una visión general de la cantidad de clientes con una idea concreta (perfil de búsqueda).

3. Los clientes reciben solo inmuebles adaptados a sus deseos (según el perfil de búsqueda) de parte de los agentes inmobiliarios (mediante una preselección automática).

4. Los agentes inmobiliarios reducen el tiempo de mantenimiento de sus bases de

datos individuales, ya que disponen permanentemente de una gran cantidad de perfiles de búsqueda actuales.

5. Puesto que al portal de *matching* inmobiliario solo se conectan vendedores profesionales y agentes inmobiliarios, los clientes solo suelen tratan con agentes inmobiliarios profesionales y experimentados.

6. Se reduce la cantidad de visitas a los inmuebles y la duración general de la negociación para los agentes inmobiliarios. Los clientes ven reducido el número de visitas que deben hacer y el tiempo de espera hasta la formalización del contrato de compra o alquiler.

7. Los propietarios de los inmuebles en venta o alquiler también ahorran tiempo. Por lo demás, el inmueble en alquiler permanece menos tiempo vacío y en la venta de inmuebles se tarda menos en pagar el

precio de compra gracias a una tramitación más rápida del alquiler o compra, lo que también representa una ventaja financiera.

La puesta en práctica o implantación de esta idea de *matching* inmobiliario puede contribuir a un avance significativo en la gestión inmobiliaria.

10. Integración del matching inmobiliario con el software de agentes inmobiliarios y tasación inmobiliaria

Como objetivo, el portal de *matching* inmobiliario puede, o debería, formar parte fundamental de un nuevo software de gestión inmobiliaria, que idealmente sería usado en todo el mundo. Esto significa que los agentes inmobiliarios pueden integrar el portal de *matching* inmobiliario al software de gestión inmobiliaria que ya usan o que, idealmente, usaran el nuevo software de gestión inmobiliaria con el portal de *matching* inmobiliario

A través de la integración de este portal de *matching* inmobiliario eficiente e innovador en un software de gestión inmobiliaria, este adquiere una característica exclusiva, que resulta fundamental para la penetración en el mercado.

Puesto que la tasación inmobiliaria sigue siendo una parte fundamental de la gestión inmobiliaria, el software de gestión inmobiliaria debe incluir obligatoriamente una herramienta para la tasación de inmuebles. Una tasación inmobiliaria procesada correctamente puede aportar datos o parámetros relevantes de los inmuebles a los agentes inmobiliarios a través de enlaces a los que ellos pueden acceder. Si es necesario, el agente inmobiliario puede completar los parámetros faltantes gracias a su conocimiento del mercado regional.

Además, en el software de gestión inmobiliaria debe ofrecerse la posibilidad de integrar una visita virtual al inmueble que se está negociando. Esto podría lograrse fácilmente, por ejemplo, mediante una aplicación adicional para el teléfono móvil o tablet que después de grabar la gira virtual del inmueble, se integre automáticamente en el software de gestión inmobiliaria.

En la medida que el portal de *matching* inmobiliario eficiente e innovador se integre en un nuevo software de gestión inmobiliaria con una función de tasación de inmuebles, seguirá aumentando significativamente el beneficio posible.

Matthias Fiedler

Korschenbroich, 31/10/2016

Matthias Fiedler

Erika-von-Brockdorff-Straße 19

41352 Korschenbroich, Renania del Norte-Westfalia, Alemania

www.matthiasfiedler.net

www.ingramcontent.com/pod-product-compliance
Lightning Source LLC
Chambersburg PA
CBHW071527210326
41597CB00018B/2920